Quién fue el
Conde St. Germain

CONNY MENDEZ

¿QUIEN ES Y QUIEN FUE EL CONDE DE SAINT GERMAIN?

Derechos exclusivos conforme a la ley
reservados para todo el mundo:
Copyright © 1996 Bienes Lacónica C.A.

ISBN: 980-6114-27-2

Editado y distribuído por
BIENES LACÓNICA, C.A.:

Apartado Postal 69.732
Caracas, Venezuela
Telf.: 993.09.33 - Fax: 993.86.46

7820 S.W. 55 Ave.
Miami, Florida 33143 U.S.A.
Fax: (305) 665.56.59

Cubierta: Ghost Writers

Impreso en Venezuela
Printed in Venezuela

INTRODUCCION

En esta modesta obrita la autora no pretende dar la última verdad respecto al Conde Saint Germain, ni el Ascendido Maestro Saint Germain, siendo los dos una misma persona. El propósito es de aclarar, en lo que sea posible, primero ciertos "enigmas" que quedaron en las mentes después de la desaparición del "Conde", en el Siglo XVIII. Segundo, comunicar ciertas revelaciones que nos han sido encomendadas, y que verás tú al final del libro.

Estas aclaratorias y revelaciones son, además, de gran valor para completar la "Enseñanza Metafísica Para la Nueva Era", que nos fue transmitida por el propio Maestro Saint Germain.

Al final encontrarás también una extensa bibliografía sobre el "Enigmático Personaje", pero esta autora recomienda cautela en la aceptación indiscriminada de todo lo escrito sobre El, en aquella época de gran ignorancia respecto a la Verdad Espiritual que hoy conocemos; ya que aquellos escritores de Memorias y Biografías, reporteros sedientos de sensacionalismo, se basaban en *suposiciones, conjeturas y opiniones personales, todo producto de la mente carnal.*

El Adepto venía siempre a espiritualizar la Europa Medioeval; a tratar de impedir el gran desarrollo de la efluvia conque hemos casi paralizado el planeta Tierra; pero esto ha sido totalmente ignorado hasta el presente por la gran masa humana, hasta que el pleno conocimiento de la Ley de Mentalismo y la actuación de la Llama Violeta, están haciendo ascender la Conciencia humana, para lograr escalar el Gran Peldaño Iniciático en que nos encontramos ya, lanzándonos a la órbita de Uranio " entrando a la presencia YO SOY.

ALGUNOS TITULOS EDITADOS POR BIENES LACONICA C.A.

CONNY MENDEZ

COLECCION METAFISICA:

Originales:
  Metafísica al Alcance de Todos
    (Versión en Inglés: *Metaphysics for Everyone*)
  Te Regalo lo que Se Te Antoje
  El Maravilloso Número 7
  ¿Quién es y Quién Fue el Conde de Saint Germain?
  Piensa Lo Bueno y Se Te Dará
  Metafísica 4 en 1 (Vols. I y II)
    (Versión en Inglés: *Power Through Metaphysics*)
  El Nuevo Pensamiento
  ¿Qué es la Metafísica?
  El Librito Azul
  Un Tesoro Más para Ti
  La Voz del "Yo Soy"
  La Carrera de Un Átomo

Traducciones:
  El Libro de Oro de St. Germain
  Misterios Develados
  Los Secretos de Enoch (por Luisa Adrianza)
  La Mágica Presencia
  Palabras de los Maestros Ascendidos (Vols. I y II)
  Numerología

AUTOBIOGRAFIA / HUMOR / CARICATURA
  La Chispa de Conny Méndez

MUSICA
  Colección de L.P. y cassettes de su repertorio musical

El Conde Sàint Germain

PRIMERA PARTE

QUIEN ES Y QUIEN FUE EL CONDE SAINT GERMAIN

CAPITULO I

Muchísimo se ha escrito sobre el fabuloso, enigmático, misterioso, Conde Saint Germain, el "Hombre Maravilla" que llenó el escenario Europeo en los Siglos XVII y XVIII.

Los archivos oficiales, papeles de Estado y Asuntos Extranjeros de toda Europa, contienen copiosas menciones del "Conde", y después de su desaparición surgieron numerosas novelas y "memorias"; las primeras inspiradas por el prodigioso personaje, entre las cuales se destacan como más famosas, "Zanoni" de Bulwer Lytton, "El Conde de Montecristo" de Dumas padre y "La Pimpinela Escarlata" de la Baronesa Orczy.

Al Conde lo rodeaban dos corrientes. Una de celos y envidia porque gozaba de la confianza y la admiración de reyes, sabios y estadistas más destacados de Europa. La otra corriente, de profundo respeto y afecto en la cual participaban las órdenes esotéricas, las sociedades secretas y las sectas ocultistas de todas partes.

La primera corriente procuraba hundirlo, encarcelarlo y desterrarlo a donde fuera llegando,

Tildándolo de traidor cuando más, de charlatán cuando menos, sin embargo jamás fue sorprendido en la más leve traición a la confianza que era depositada en él, ni sus "grandes riquezas" fueron jamás extraídas de aquellos con quien establecía contacto.

Todo esfuerzo para investigar la fuente de sus recursos, resultó infructuoso. No utilizaba ni bancos ni banqueros. Sin embargo, se movía en una esfera de crédito ilimitado, que jamás fue puesto en dudas por otros, ni abusado por él mismo.

Los intentos por apresarlo fracasaron siempre. El Conde se deslizaba y desaparecía misteriosamente, para reaparecer de inmediato en un país diferente.

Los escritos que surgieron más tarde, y que aún existen, no logran explicar una sola palabra de los enigmas y misterios tocantes al Conde ya que todo está basado en conjeturas, suposiciones, opiniones de la conciencia humana, sin un ápice de conocimientos esotéricos o espirituales.

La verdad sencilla respecto al Conde Saint Germain es que era un Iluminado, un Adepto, un Enviado Especial de la Jerarquía Blanca para cumplir múltiples misiones con numerosísimas obligaciones.

La historia repite a ciegas que nació el 26 de mayo de 1696, hijo del último soberano de Transilvania, Ferencz II Rakoczi y la Princesa Carlota

Amadea de Hesse Rheinfels, en el castillo Rakoczi en los Montes Carpatos.

Perseguido por Carlos VI, quien lo destronó, Ferencz II quiso proteger a su hijo el Príncipe Rakoczi, y después de haber hecho circular la falsa noticia de la muerte del pequeño, lo envió a sus dependencias de Florencia, al cuidado de Gian Gastone, el último de los Médicis.

El Príncipe era un mozo muy inteligente y adelantado espiritualmente. A los catorce años se destacó en el movimiento franc-masónico italiano, durante el tiempo en que seguía estudios en la Universidad de Siena.

Su padre era un patriota muy querido por su pueblo. Fue desterrado en Rodostó, Turquía, donde fue rodeado por una pequeña Corte hasta que murió en 1735. El Príncipe acudió al lecho de muerte de su padre, y luego fue enviado por el Sultán en misión diplomática a Transilvania.

Poco se sabe sobre el Príncipe durante esos años. La historia húngara no la trata con simpatía cuando lo llama "hijo de una alemana, que nunca vivió en Hungría, que creció alejado de la tradición Rakoczi, como un extraño en el pueblo de su padre", y en ese mismo año acusa (por segunda vez) su "muerte temprana".

Es importante que el estudiante se percate bien

de todas las aparentes contradicciones, para que vaya absorbiendo lo que la evidencia sugiere.

A pesar de que se manifestaba un muchacho adelantado espiritualmente, el Príncipe jamás dio ninguna prueba de las facultades que más tarde desplegó. Sin embargo, en el año 35, a la muerte de su padre, cuando lo iba a reclamar el pueblo y la Corte de Hungría, comienzan ciertos manejos extraños, que pronto iban a dar que hablar, y sin explicación posible para los testigos, por ejemplo: En los mismos momentos en que muere Ferencz II, su hijo, el Príncipe Rakoczi es visto en Holanda, estableciendo contacto con Sir Loane, Rosacruz prominente y Presidente de la Royal Society en Londres. Cuando el Sultán lo está utilizando en Turquía, el Príncipe es huésped del Shah de Persia. El Príncipe "muere" históricamente, públicamente, un año después de su padre, cuando los acontecimientos lo iban tal vez a atar a una vida oficial en Hungría, y apenas "muere" en Turquía, o en Transilvania, aparece en Escocia donde vive misteriosamente hasta el año 1745. De allí se traslada a Alemania y Austria con misiones industriales, de donde sale a estudiar alquimia en la India. No vuelve a aparecer hasta el año 58, donde establece contacto con el mariscal Belle Isle del ejército francés, pero en todos estos años ha actuado bajo los nombres de: Marqués de Montferrat, Conde Bellamare, Caballero Schoenig, Caballe-

Príncipe Rakoczi

ro Weldon, Monsieur de Surmont y Conde Soltikoff. Ha llegado el momento de comenzar su misión en París y se da a conocer por el Mariscal Belle Isle con el nombre de CONDE DE SAINT GERMAIN.

El mariscal Belle Isle lo lleva a París, lo presenta a madame de Pompadour, quien a su vez lo presenta al Rey de Francia, y comienza a desplegarse la magia desconcertante del Conde Saint Germain; desaparece para siempre el Príncipe Rakoczi, aunque la historia dice que para justificar su noble alcurnia ante el Rey, le dijo en secreto su nacimiento y procedencia, lo cual fue de inmediato aceptado por Su Majestad.

CAPITULO II

Habiendo nacido el Príncipe Rakoczi en el año 1696, cuando en 1758 llegó a París contaba sesenta y dos años. Sin embargo, representaba sólo treinta años de edad.

El mundo veía en él un joven y noble señor de modales exquisitos, de gran dignidad, de impecable cortesía. Su porte era militar, delgado y de mediana estatura. Su cuerpo era asombrosamente bien formado. Sus manos delicadas, sus pies pequeños, sus movimientos elegantes, su cabello era oscuro y fino, sus ojos pardos. Una de sus biógrafas, la condesa d'Adhemar, no se cansaba de ponderar: "¡Qué ojos! ¡Jamás los he visto iguales!"

Todo en él lo revelaba perteneciente a una muy antigua y noble familia. Vestía sobriamente, de corte impecable y de las mejores telas. Siempre llevaba medias de finísima seda.

Por la magnificencia de sus joyas, se le juzgaba inmensamente rico, se rumoraba el crédito ilimitado que gozaba en todos los bancos del mundo, y se cuchicheaba el lujo fastuoso en que vivía. Se aseguraba que ostentaba dos valets de pie y cuatro lacayos uniformados en color tabaco con galones de oro. Se comentaba su gran colección de casacas que cambiaba a menudo, y hacían eco sus botones, yuntas, relojes, sortijas, cadenas; se citaba un ópalo monstruoso y un extraordinario zafiro blanco del tamaño de un huevo, lo mismo que la variedad de sus diamantes, el tamaño, color y perfección de cada uno. Sin embargo, cosa extraña, nadie podía jamás jactarse de haber sido recibido en la casa del Conde. Frecuentaba las fiestas pero jamás lo vio nadie comer ni beber.

El Conde Saint Germain presentaba la invariable compostura, la conducta, el refinamiento y la cultura que caracteriza a los nobles de rango y educación. Todo esto unido a una fascinante conversación, una versatilidad para cambiar de tono y tema, que lo hacían siempre refrescante, inesperado e inagotable. Dada la impresión de haber viajado por el mundo entero y, sobre todo, de haber asistido personalmente a todo cuanto ha existido en nuestro planeta.

El Conde era, sin duda, un acabado diplomático, un genio artístico, un excelente músico y compositor, que ejecutaba al piano con maestría, que en el violín rivalizaba con Paganini, que cantaba con una lindísima voz de barítono, que pintaba y esculpía como los muy grandes, y que, al parecer, vivía eternamente, ya que por admisión propia su descubrimiento de un líquido especial lo había mantenido vivo durante dos mil años.

En Londres, en la casa Walsh de Catherine Street, en el año 1740, el conde publicó varias composiciones. Conocemos sólo una, un aria de su pequeña Opera "L'Inconstanza Delusa" (La Pérfida Inconstancia), compuesta en el estilo rococó del Siglo XVIII, muy bonito, muy florido. Al final damos la dirección donde se puede encargar el disco de esta pieza, que tiene además el atractivo —y la corroboración— de comenzar con las notas tonales del Adepto, Maestro Ascendido Saint Germain, DO-FA, de la Quinta octava del teclado.

Vamos a aclarar de una vez la razón del nombre que escogió este Adepto, para figurar en aquella Misión. Por supuesto, no cabe duda alguna que para que un hombre inteligente pudiera introducirse en la Corte más brillante de Europa, le era indispensable un bonito nombre y título nobiliario, francés con preferencia, y auténtico. Esto último tenía que ser a prueba de investigaciones. Corre el dato de que los dominios de Ferencz Rakoczi en Italia se llamaban "de San German". No podemos asegurarlo, ni tampoco comprobarlo, pero algo de eso hay sin duda, ya que los Maestros, teniendo el privilegio de mirar desde el pasado más remoto hasta el futuro más distante, cuando tienen que interferir personalmente, lo hacen ya equipados con toda la preparación necesaria. Su tarjeta de visita tenía que abrirle desde las puertas soberanas de las Cortes, hasta las más herméticas de las organizaciones espirituales, que tienen "Ojos para ver y Oídos para Escuchar".

EL CONDE SAINT GERMAIN
Ya hemos visto como entraba y salía...
COMES SANCTUS GERMANITAS

Habla en el idioma esotérico de todas las sectas. O sea que, COMES COMITO, o COMITOR es un alto grado franc-masónico. SANCTUS le habla a las religiones cristianas, y GERMANITAS, o fraternidad, es la consigna de todos los ocultistas.

Al introducirse en la masonería francesa, donde inició a Diderot, anunció que era "el más antiguo de todos los masones". Por no decir que había sido el propio fundador de la Orden.

El Maestro Saint Germain no tuvo necesidad de elegir otro nombre para continuar en sus misiones para los humanos, ya que paulatinamente ese nombre se iba transformando de acuerdo con el cambio de las conciencias espirituales, de "MIEMBRO DE LA FRATERNIDAD BLANCA", a "HERMANO MAYOR".

No estamos suponiendo o inventando cuando dejamos sentado que el Príncipe Rakoczi y el Conde Saint Germain eran una misma persona. La comprobación la dieron los Maestros cuando, al través de la Sociedad Teosófica, fundada por los Maestros Morya y Kuthumí, vino la siguiente comunicación por boca de EL TIBETANO, Adepto de la HERMANDAD BLANCA, casi un siglo después de la "muerte" del Conde Saint Germain:

"El Maestro que se ocupa especialmente del futuro desarrollo de Europa, y despliegue mental de América, es el Maestro Rakoczi. Es húngaro y tiene su morada en los montes Carpatos, habiendo sido en un momento dado una figura muy conocida en la corte húngara... También se ocuparon mucho de él cuando fue el Conde de Saint Germain. En la Logia de la Fraternidad Blanca se le llama usualmente "El Conde", y en América actúa como Administrador General en los planes de los Hermanos Mayores, puede decirse que actúa como encargado de llevar a la práctica, en el plano físico, los planes del Cristo".

Para todo el que sepa leer entre líneas, esta comunicación habla claro; pero como estamos para aclarar enigmas, haremos notar: "el despliegue mental de América" se refiere al Principio de Mentalismo, que aunque fue dado por Hermes Trismegisto, no se le dio la importancia capital que encierra, hasta que Mary Baker Eddy, fundadora de Christian Science comenzó a divulgarlo. Ella fue el anuncio de la Era venidera, Era de la mujer, a fines del Siglo XIX, exponente del Principio Mental que rige en esta Era.

La comunicación habla del Maestro Rakoczi en tiempo presente; y presente en el planeta, a pesar de que históricamente había "muerto". Dice textualmente: "El Maestro que se ocupa... *es*". También dice "es húngaro y *tiene su morada* en los Carpatos". Que "habiendo sido, en un momento dado, figura muy conocida en la corte húngara", de hecho admite que al mismo tiempo fue "el Conde de Saint Germain", y agrega: "de quien se ocuparon mucho".

La esencia de la comunicación afirma que al Príncipe Rakoczi se le llamaba en la Fraternidad Blanca "el Conde", fundiendo sin disimulos a las dos entidades. Luego admite que "El Conde" es el instrumento de la Hueste Ascendida en el continente americano, y finalmente deja entrever lo que para la fecha de la comunicación no se había divulgado aún, que el Maestro Saint Germain iba a ser el Avatar de esta Era de Acuario, trayendo "a la práctica en el plano físico", o sea *manifestándose* el Cristo de la Era, como se manifestó en la Era inmediata anterior, el Maestro Jesús.

Los Adeptos no tienen necesidad alguna de reencarnar para poder circular en la Tierra y entre los hombres. Si es que tienen que entrar en nuestra atmósfera por un tiempo corto, hacen denso el cuerpo etérico y por consiguiente visible a nuestros ojos físicos, o si es que tienen que cumplir una misión de larga duración, digamos de unos meses o unos años, ocupan un "cuerpo prestado", lo cual requiere el gasto de mucho menos energía que el sistema anterior.

Es totalmente impráctico renacer de un vientre de mujer, volviendo con la conciencia envuelta y sin memoria, además de tener que esperar tantos años para alcanzar la edad adulta y poder cumplir una misión de altura. La Transfiguración, o sea la ocupación de un cuerpo prestado, es el transplante de un espíritu, o ego, en el cuerpo de un Iniciado que esté dispuesto a ceder su cuerpo, en vida, o en el momento de morir.

Este cuerpo ha de ser absolutamente sano y el ego que lo habita tiene que ser adelantado, ya que las altas vibraciones del Espíritu que lo ocupará son muy fuertes. El transplante se hace gradualmente. Es de suponer que el Maestro ocupó el cuerpo del Príncipe Rakoczi en aquellos momentos en que se le declaró "muerto". Es posible que así le haya aparentado a los que lo rodeaban. Nada de extraño tendría que el Maestro hubiera fingido morir, ya que sabemos de dos otras ocasiones en que así lo hizo.

El Adepto que ocupa un "cuerpo prestado" tiene todo el poder para reformar la estructura atómica de ese cuerpo, de manera de adaptarlo a sus propias necesidades. Por esa razón el Conde Saint Germain no tenía necesidad alguna de comer, ni beber, ya que disponía de la Sustancia Universal, que obedece instantánea e incondicionalmente las ordenes de un Maestro.

El propio Maestro Saint Germain ha admitido haber ocupado unos cuarenta cuerpos prestados en diferentes ocasiones y por diferentes propósitos o misiones en la Tierra. Sabemos que uno de éstos fue el cuerpo de San José, esposo de María Virgen. Misión más delicada y misteriosa no ha habido nunca que sepamos. ¡Después de dos mil y pico de años, aún se ignora la completa verdad!

Otra ocupación de cuerpo prestado fue la del Almirante Cristóbal Colón, destinado a encontrar, sin perderse ni naufragar, el "Nuevo Mundo" anunciado por el Maestro Jesús, donde debían desarrollarse tantas nuevas dimensiones y conciencias. Sabemos por un antepasado de esta autora, íntimo amigo y compañero de viajes de Colón, que eran ocultistas los dos, lo cual da margen para deducir que poseían los dos un grado avanzado de conocimientos y que Colón podía muy bien haber prestado su cuerpo al Adepto que lo llevó al éxito en sus viajes, al mismo tiempo que cumplía los planes de la Jerarquía Blanca, como atestiguan los archivos planetarios del Royal Tetón de Norteamérica y Machu Pichu en Sudamérica.

Una tercera ocupación parece haber sido la del Libertador Simón Bolívar, ya que las actuaciones del Maestro Saint Germain siempre han sido en pro de la liberación de humanos, de naciones, de ideas, y de almas. Esta hazaña de Bolívar, con toda la gloria y la importancia que se le da y que merece, no ha sido aceptada en toda su magnitud. Escalar los picos nevados de la Cordillera de Los Andes, sin caminos, libertar sin armas ni soldados de escuela, fueron una serie de milagros característicos del "Conde" Saint Germain, y del Maestro Saint Germain.

CAPITULO III

Asombraba a todo el mundo la memoria extraordinaria del Conde Saint Germain. Repetía páginas enteras después de una sola ojeada. Hablaba sin acento alguno el alemán, el inglés, el italiano, el portugués, el español, el francés, el griego, el latín, el árabe, el chino, el hebréo, el caldeo, el sirio, el sánscrito, muchos dialectos orientales, y leía el cuneiforme babilónico y los jeroglíficos egipcios, todos con absoluta maestría.

El Conde era ambidextro. Podía escribir con ambas manos a la vez. Las dos mitades de su cerebro eran independientes, ya que con una mano podía escribir un soneto, y con la otra una carta de amor.

Aunque jamás hizo alarde de sus poderes ocultos, el Conde actuaba expontáneamente como un Mago Blanco, un Cabalista, un Hermetista, un Alquimista, un Iluminista, un Templario, un Gnóstico, un Francmason y un Rosacruz. Era clarividente, claroaudiente, viajaba astralmente, etéricamente, cósmicamente. A veces no se le veía en tres días. Entraba en un trance profundo sin despertar. Esto podía ocurrirle en casa ajena o en la suya propia. El historiador vienés, Franz Graeffer relata que un día, en medio de una conversación con el Conde, de pronto lo vio ponerse serio, rígido como una estatua, sus ojos usualmente tan expresivos, se hicieron incoloros y sin vida. Al rato se reanimó, se puso de pie y haciendo un gesto de despedida con la mano exclamó en alemán "Ich cheide" (me voy), "me verán una vez más, mañana. Se me necesita en Constantinopla, luego en Inglaterra. Por ahora tengo que ir a preparar dos inventos que verán en el próximo siglo. Un barco y un tren".

Tenía el hábito desconcertante de entrar en la cámara del Rey sin recurrir a las puertas. Simplemente aparecía y desaparecía sin disimular su facultad.

En las reuniones amenizaba relatando detalles de sus conexiones con Cleopatra, con Jesucristo, con la Reina de Saba, con Santa Isabel, con las Cortes de los Valois, con Santa Ana, con la antigua Roma, con Rusia, Turquía, Austria, China, Japón, La India. Tan pronto imitaba a Francisco I como revelaba altos secretos de Luis XIV, y de todo hablaba con mayor aplomo del que desplegaría el propio Encargado de Negocios de cada personaje.

En una ocasión en que relataba un episodio muy remoto, se detuvo con un pequeño aire de confusión y le dijo a su valet de pie: "Fue así el asunto, ¿no, Roger?" y Roger respondió: "El Señor Conde olvida que yo sólo tengo cuatrocientos años con El. Eso ha debido ocurrir en tiempos de mi predecesor". Por lo cual preguntamos aquí: ¿en dónde coloca. a Roger, con respecto a la teoría del nacimiento en el Castillo de Rakoczi?

Por supuesto que todos estos prodigios son catalogados por la humanidad corriente en términos de "Magia", Blanca o Negra, según sea buena o mala. Pero como todo tiene una explicación perfectamente natural, y los seres humanos heredamos el mismo derecho legado por el Padre, Divino Creador nuestro, será bueno que se aclare el misterio de cada uno de los anteriores enigmas.

Cuando el ser humano alcanza su última encarnación en la Tierra, se dice que es Candidato para la Ascensión. La Ascensión ocurre porque la persona se ha desprendido de todas las ataduras con el planeta Tierra y con sus familiares; y al lograr limpiarse de toda la energía negativa, va llenando sus células de luz. Llega el momento en que la Magna Presencia YO SOY lo atrae hacia Ella y lo extrae de la Tierra: se ha vencido la gravedad de la Tierra. En ese momento el individuo tiene la oportunidad de escoger la Gloria o continuar ayudando a sus hermanos humanos. Es el momento en que el subconciente vacía su contenido y el ego recuerda todas sus encarnaciones pasadas, sin sufrir molestia alguna. Además recupera todas sus habilidades adquiridas y todos los idiomas que habló a todo lo largo de su corriente de vida. Puede disponer de sus "Tesoros en el Cielo", o sea de todo lo que contiene su Cuerpo Causal. Pero si el ego prefiere ascender a Gloria, debe entrear todo lo acumulado para bien de la humanidad.

La "Memoria Extraordinaria" no es, pues, sino la facultad natural de mirar hacia atrás y leer como en un libro, o ver como en una película, lo que venga en gana en el pasado, sin el Velo de Maya.

El ser ambidextro no es otra cosa que el haber sido "zurdo" en otras vidas. Es una habilidad adquirida y por lo tanto el individuo puede escribir con ambas manos.

La facultad de aparecer y desaparecer sin recurrir a las puertas, es condición de los cuerpos astral y etérico. El saber proyectarlos fuera del cuerpo físico se puede lograr con estudio y práctica. En vida del cuerpo físico éste se deja dormido en un lecho mientras se "viaja". Ayuda mucho el saber primeramente, que al sólo pensar en un lugar o en una persona, se está allí o con ella.

En cuanto a Roger, es tal vez la prueba más consistente de que *ambos* estaban ocupando cuerpos prestados en aquel siglo. Roger manifestaba ser pupilo, iniciado y servidor inseparable del Maestro.

CAPITULO IV

El "problema del dinero" es uno de los que más preocupa a la humanidad. En todas las crónicas respecto al Conde se manifiesta una gran curiosidad por saber de donde provenían las sumas que aparentemente derrochaba en sus joyas esplendorosas, para costear su vida en la Corte y para ataviarse tan noblemente. Sin los conocimientos espirituales que enseña la ACTIVIDAD YO SOY, no queda otra respuesta que la alquimia. El mundo le "plantó la chapa" de Alquimista y no buscó más.

La Ley de Correspondencia dice que COMO ES ARRIBA ES ABAJO y viceversa. La alquimia sí existe en todos los planos, sólo que como vamos descubriéndolo en todo, las cosas se hacen más sencillas, más livianas, más rápidas a medida que se asciende en el Plano Espiritual, y por lo contrario, se hacen más pesadas, más retardadas, cada vez más laboriosas, a medida que se desciende en el plano material.

La transformación de los metales en oro, es idéntica a la transmutación de la energía en el Plano Mental-Espiritual. Se trata simplemente de reconovertir las formas e imágenes mentales negativas, destructivas, en el "oro puro" de las virtudes que nos pertenecen en el Plano de YO SOY.

Cicerón dijo que la Filosofía es el conocimiento de las cosas divinas y humanas, y de sus causas y principios. Apliquese esta dualidad a la idea de la "piedra filosofal" que transmuta los metales en oro, y se verá muy claro que no se trata sino de un estado de cosas totalmente abstracto y nada físico. La "piedra", sabemos en Metafísica, que es la Fe; "filosofía" es la sabiduría pura, exacta (el filo de la navaja).

La alquimia es pues, primero espiritual y, muy al final, material. Pero no se puede aprender de abajo para arriba. El que sabe transmutar la energía por medio de la Llama Violeta, primero, y luego por medio de las demás Llamas, ha encontrado la Piedra Filosofal. Irá transmutando la acumulación de energía que le impide manifestar el "oro de la abundancia" en su vida.

Generalmente los alquimistas eran seres muy sabios, muy versados en las ciencias más ocultas. Los signos cabalísticos que empleaban eran fórmulas y ecuaciones muy profundas. Sus jerigonzas eran tapadijos para que los neófitos no se pusieran a experimentar con sustancias peligrosas, ya que los curiosos leen y le dan una interpretación totalmente errada a lo que leen, sobre todo lo espiritual, porque sólo hacen caso a la letra muerta.

Es verdad que ante los propios ojos de Jaques Casanova de Seingalt, el Conde tomó una moneda de doce centavos, la expuso a cierta llama hasta que se volvió roja, y cuando se hubo enfriado, se la entregó a Casanova. Tan grande fue el asombro de éste, al constatar que era oro puro, que expresó la duda de que Saint Germain hubiera tal vez cambiado una moneda por otra. El Conde simplemente le contestó: "El que duda de mis conocimientos, no merece hablar conmigo", y le mostró la puerta.

Para un ser de la talla del Conde Saint Germain, existen todas las posibilidades. Un Iniciado, un Adepto, un Maestro de esa magnitud no encuentra dificultad alguna para transformar un centavo en pieza de oro, cuando sólo tiene que alargar la mano y extraer del aire el oro que le sea menester.

Esta verdad no la puede ni creer, ni comprender sino aquel que se haya percatado del Principio de Mentalismo hasta el punto de hacer conciencia de él. Por haber sido totalmente ignorado hasta el siglo pasado, es que el mundo se llenó de alquimistas que buscaban oro por el camino fácil, ignorando la verdad.

Ya estamos en el peldaño en que muchos van a realizar el hecho de que si se visualizan en plena Llama Dorada, bajando de la Presencia, y sintiendo gratitud por ello, no tardarán en precipitar toda la sustancia que les sea necesaria. Este es un paso en la Alquimia Espiritual y no puede fallar.

Hay que aclarar un punto vital, sin el cual no actúa la Alquimia Espiritual. La Presencia YO SOY no puede hacer descender Su Sustancia Dorada al ego inferior. a menos que el canal se encuentre limpio. Limpio significa no entorpecido por la amargura. Esta amargura la forman las críticas, la chismografía, la mala voluntad, el rencor, el recuerdo constante de los males pasados, las emociones violentas.

La forma más práctica de lograr un ánimo ecuánime en todo momento, es el de esforzarse para no dejarse afectar por ninguna circunstancia lastimosa o que impaciente. Cuida tu alegría y tu buen humor, ya que toda pérdida de paciencia, toda consideración con el error te será cobrado con creces. No solamente porque afecta tu receptividad del Bien que desea darte tu Presencia YO SOY, sino porque cuando llegues a esas alturas, de Alquimia Espiritual, tus cambios de ánimo, tus fluctuaciones emocionales, afectan destructivamente a todo tu ambiente y a tus familiares y relacionados, y si eres jefe de grupo, a todo tu grupo. Para evitar este peligro, es mejor no asistir donde estén ocurriendo cosas tristes, negativas y dramáticas. Ya la persona que se halla en esta Octava, ni es menester que visite enfermos o que haga "pases" colocando las manos, o que contacte directamente ninguna especie de problema. Su Tratamiento Universal del YO SOY llega a todas las latitudes. Su tratamiento tiene que ser a distancia, porque muchas veces el practicante encontrará que sus vibraciones son demasiado fuertes para el enfermo.

CAPITULO V

El Landgrave Carlos de Hesse-Cassel, Duque de Schleswig, emparentado con el Príncipe Rakoczi por la madre de éste, la Princesa de Hesse Rheinfels, era un ocultista muy adelantado, íntimo amigo del Conde y tal vez el único que conocía toda la verdad respecto a El.

La muerte del Conde Saint Germain en el Castillo del Duque Carlos, en Eckernfoerde, en Suecia, el 27 de Febrero de 1784, es tan falsa como su nacimiento en Transilvania; pero no era la primera vez que el Maestro desaparecía de la circulación sin dejar tumba ni lápida, como veremos más adelante.

Por algo dijo Voltaire en una carta a Federico El Grande: "El Conde Saint Germain es el hombre que nunca muere y que todo lo sabe".

El Duque Carlos quemó todos los papeles del Conde después que éste desapareció, quedando únicamente el manuscrito de la MUY SANTA TRINOSOFIA, único libro que dejó escrito el Conde Saint Germain.

Intrigada, Mme. Blavatzki, dos siglos después, hizo un comentario en la Sociedad Teosófica:

"¿No es absurdo que un hombre de la notoriedad de Saint Germain haya sido enterrado sin pompa ni ceremonia, sin supervisión oficial, sin el registro policial que siempre interviene en los funerales de los hombres de rango? ¿Dónde están estos datos? ¡No existe ni un papel que los contenga!"

Añádase a esta negativa, que el Conde ha sido visto muchas veces después del año 1784: En una conferencia privada muy importante con la Reina Catalina de Rusia, en el año 1785; se le apareció a la Princesa Lamballe momentos antes de ser decapitada; se le apareció a Jeanne Dubarry, la amante del Rey, también en los momentos que esperaba en el patíbulo, en los días del Terror de 1793; que el Conde de Chalons dijo haber conversado con Saint Germain en 1788, en la plaza San Marcos en Venecia, la noche antes que el partiera para Francia.

En el siglo presente, por los años de 1920, el obispo Leadbeater de la Iglesia Católica Liberal, paseando en Roma se encontró con el Maestro Saint Germain, vestido como cualquier caballero italiano y conversaron por más de una hora en el Pincio.

En los libros de la SAINT GERMAIN FOUNDATION, titulados "Misterios Develados" y "La Mágica Presencia", hay múltiples ocasiones en que el Maestro apareció, desapareció, convivió, conversó y enseñó a los altos personajes de la mencionada Fundación.

Hasta hace poco muchas videntes aseguran haber visto al Maestro Saint Germain en sus visiones psíquicas; pero hace algún tiempo que nadie lo ha vuelto a ver. Esto es porque le fue ofrecida una nueva Ascensión a un plano Mayor, donde goza de mucho más libertad para sus funciones de Avatar de la Era. Sin embargo, el Señor Maha Chohán dijo en una comunicación muy reciente, que al Maestro le hace falta el contacto con la parte física que antes tenía.

La Llama Violeta, que antiguamente era desconocida, ahora forma parte de nuestra enseñanza porque el Maestro la ha traído como regalo suyo al Planeta Tierra. Esta llama era exclusivamente aplicada a los Egos que estaban a punto de ascender, o sea en los Retiros Espirituales.

SEGUNDA PARTE

CONTENIDO

QUIEN FUE EL MAESTRO SAINT GERMAIN

RE-ENCARNACIONES DEL ADEPTO ENTRE LOS AÑOS 303 y 1561

1. Saint Albans, Primer Mártir Inglés. Se ignora el nacimiento. Murió en 303.
2. Proclus, Neo-Platonista, nació en 410, murió en 485.
3. Robertus el Monje, indeciso, entre los años 1156 ... 1211.
4. Roger Bacon, el Monje Médico, nació en 1214, murió en 1294.
5. Christian Rosenkreutz, Fundador de la Orden Rosa Cruz, nació en 1378, murió en 1484.
6. Francis Bacon, Político, Filósofo, Escritor Inglés, nació en 1561, última encarnación antes de aparecer como el Príncipe Racokzi; al parecer no murió. Se dice que su tumba está vacía.

El Ascendido Maestro Saint Germain

ACLARATORIA

Al Maestro no se le conoce ninguna encarnación en cuerpo femenino. Al parecer, jamás fue casado en ninguna vida terrena.

A pesar de que el Obispo C. W. Leadbeater, de la Sociedad Teosófica, en su libro "Los Maestros y el Sendero", cuenta entre las encarnaciones del Maestro Saint Germain, a Hunyadi Janos, Defensor de Hungría, esta autora se ha permitido excluirlo de este recuento, no obstante haberlo incluido en su libro "El Maravilloso Número 7", porque los detalles del nacimiento y muerte no presentan posibilidad de que sea verídico el alegato. O sea que Hunyadi Janos, dice la Historia de Hungría, nació en el año 1386, ¡ocho años después de haber nacido Christian Rosenkreutz! Hunyadi Janos murió en 1459, 25 años antes de la muerte de Christian Rosenkreutz. Ante este visible disparate la autora se exime de incurrir en él hasta que otras fuentes lo corrijan

PREFACIO

Orfeo de Tracia, poeta y cantor, parece haber sido el originador del Gran Sistema Filosófico del Occidente.

El nombre "Orfeo" viene de una palabra griega que significa "Oscuro". Aún no se sabe si Orfeo fue un oriental de piel morena que instituyó la enseñanza órfica, o si el "orfismo" se le llamaba así por ser un culto que practicaba orgías y ritos a un dios "oscuro". Tampoco se sabe si esa oscuridad se refería a que los ritos se efectuaban a puertas cerradas, o porque el dios, tal vez, sería negro. Lo cierto es que la ideología órfica sirvió de base a los más nobles sistemas de teología, en los cuales se destacaron Pitágoras y Platón.

En Grecia el orfismo era abierto, ya que consistía en una religión y un culto a la Historia Divina de una multiplicidad de dioses, la cual con el tiempo llegó a ser denominada "mitología griega". La generalidad rendía tributo a los Dioses, simplemente. Los auténticos órficos alegaban que cada una de sus divinidades simbolizaba, o un Principio Divino, o una Ley Inmutable, o una Facultad de la Mente Universal, o sea que es la pura y avanzada comprensión de los Rayos, Las Llamas, La Hueste Angélica, la Jerarquía Blanca y los Seres Cósmicos, tal como los conocemos hoy en la Actividad YO SOY.

El simbolismo es un irritante de la mente, la cual busca urgentemente una explicación; y a medida que los intelectuales griegos se iban dando cuenta de que su mitología era una especie de Gran Adivinanza que ocultaba importantísimas verdades espirituales, se entregaban a descifrar el rompecabezas con alma, vida y corazón. El resultado fue el estímulo y despertar de las facultades del pensamiento abstracto, desconocido hasta entonces. Por lo cual se estableció la Gran Era de Oro de intensa actividad intelectual-espiritual que produjo, en trescientos años, casi seiscientos filósofos que cambiaron la vida intelectual futura de todo el Planeta.

En Egipto crecía paralelamente la enseñanza esotérica con su Astrología y su magia astral, denominada Geometría, reservada exclusivamente a sus hierofantes y discípulos. Gradualmente se iba infiltrando en otros países, por conducto de estudiosos que, como Pitágoras, lograban ingresar en esa escuela, a fuerza de tenacidad. Pitágoras se instaló en las gradas del edificio hasta que después de siete años se le permitió ingresar. En Palestina imperaba la religión monoteísta.

Platón fue uno de los órficos que adaptó las doctrinas esotéricas a su Filosofía.

SAINT ALBANS

Vino al mundo el Maestro Jesús y divulgó su enseñanza cristiana, metafísica pura, rompiendo así la cáscara hermética del hebraísmo. Aunque los Apostoles y Evangelistas diseminaron la Enseñanza Cristiana, por orden de su Fundador (después de la Ascensión del Cristo) costó muchísimo y corrió mucha sangre antes de que se pudiera arraigar, como bien se sabe. El que le dio el mayor impulso fue Pablo de Tarso, medium, clarividente y clariaudiente —hoy en día el Ascendido Maestro Hilarión—, que aunque no conoció siquiera al Maestro Jesús, le oyó la voz y tuvo de El una gran manifestación en el camino de Damasco.

El "Hilo de Ariadna" que nos va a ir llevando, y persiguiendo, la trayectoria del Maestro Saint Germain al través de sus reencarnaciones en este planeta (siempre con el empeño de procurar mantener a nuestra humanidad en un mismo carril y sin desviarse), nos indica que el Maestro, después de haber venido en el vehículo de San José, para encauzar y proteger la vida de Jesús, fundador del cristianismo, o sea el próximo paso en el Sendero Espiritual, encarnó en un niño anglo-romano en plena época de martirios y torturas de cristianos, con el fin de llevar sus potentísimas vibraciones hasta los confines del imperio de Roma, en la ciudad de Verulamium, situada en lo que es hoy Hertfordshire, Inglaterra, a veinte minutos de Londres.

La isla que, andando los siglos, llegaría a ser el último y el más grande de los imperios del planeta Tierra, tuvo que ser la cuna de ese niño que llevaría el nombre de Albano (Albans) que llegaría a ser monje benedictino y que sería el primer mártir de Inglaterra. Era el año 303 de nuestra Era.

Alguien, no se sabe si fueron sus fieles seguidores o si fue la Iglesia Cristiana, más tarde, hizo marcar el sitio del martirio, levantando una abadía que nombró "Saint Albans".

Andando los siglos, en el año 757, Inglaterra se encontraba dividida en pequeños reinados. En uno de éstos, llamado Mercia, su Rey, Offa encontró las reliquias del mártir y erigió un monasterio benedictino en su honor. Este monasterio llegó a ser una de las casas más importantes de la Orden.

Finalmente, en el año 1077, fue construida una catedral gótica con los auténticos ladrillos de la antigua ciudad de Verulamium. El día 17 de junio se celebra el día de Saint Albans en Inglaterra, en nuestros días.

Proclus, el Neo-Platonista

PROCLUS, EL NEO-PLATONISTA

En los altos círculos filosóficos se dice que "EL GERMEN DE TODA IDEA, AUN LAS IDEAS CRISTIANAS, SE ENCUENTRAN EN PLATON".

A medida que iba tomando cuerpo la ideología cristiana, iba decayendo lo que la Iglesia llamó "paganismo", o sea el orfeismo y el esoterismo, del cual era el exponente principal Platón. Un siglo después de Saint Albans, nació en Bizancio, Proclus (Proclo), en el año 410 A.D.

La historia dice que entre la muerte de Plotinus (27 anno Domine) y el nacimiento de Proclus ocurrió el crecimiento de la religión cristiana y la decadencia del clásico mundo pagano, añadiendo que Proclus vino a restaurar la tradición esotérica.

NEO-PLATONISMO viene del griego "neos", o nuevo, o sea que renueva el platonismo. Proclus estudió en Alejandría y en Atenas. Fue un seguidor de Plotino, quien representa "La Reforma de la Idea DEL UNO".

El platonismo fue renovado varias veces en la historia. En el Renacimiento (Siglo XV), en la Escuela de Cambridge (Siglo XVII) y continúa siendo hasta nuestros días una corriente filosófica fundamental en las ideas espirituales modernas.

Ese PLATONISMO, es el anhelo místico de expander la conciencia para poder entrar en contacto con los seres divinos, directa y personalmente.

Te va a asombrar la similitud del NEO-PLATONISMO de Proclus, y la Metafísica moderna. Verás claramente que el Maestro renacía en los lugares estratégicos para enderezar el camino cada vez que se torcía, o para señalar nuevas rutas a aquellos que las anduvieran buscando.

El Neo-Platonismo decía: "La Unidad es una realidad. La Diversidad es una ilusión. Buscad la Unidad detrás de la aparente Diversidad".

El Neo-Platonismo estudia Principios Universales, por lo tanto, acepta a todos los dioses integrados en el Dios Uno. A todos los hombres como UNA Humanidad.

La Gran Verdad Neo-Platonista es que toda vida es UNA, y con esta convicción en el corazón, y los más nobles pensamientos, se hace una contribución positiva a la hermandad universal.

El Neo-Platonismo enseña la comprensión pero no la aceptación de lo inferior, ya que la comprensión trae la apreciación sin límite. El Neo-Platonismo aconseja la moderación en todo lo que se posee, para poder gozar plenamente de lo que se posee, ya que tener demasiado empobrece el gozo.

El Neo-Platonismo enseña que pertenecer a una Secta trae dogmas y los dogmas son limitaciones en las ideas. El sectarismo es una fuerza limitadora.

El Neo-Platonismo dice que se debe buscar el Bien en todo. No es que todo Bien sea agradable. Por ejemplo, es bueno estar infeliz cuando se desobedece una Ley Universal. Es bueno recibir un mal si hemos hecho ese mal a otros. Es bueno sentirse enfermo si se han desobedecido las leyes de la salud. Es decir, las cosas tal como estén, son buenas.

El Neo-Platonismo ordena que una vez que el punto de vista primario es comprendido y aceptado, el estudiante se convierte en instructor de otros.

Por eso, el Neo-Platonismo es especialmente práctico en nuestros tiempos.

Los intelectuales griegos decían que Proclus era un protegido de los Dioses. Que Minerva lo había recibido en su nacimiento, y que lo había protegido durante toda su vida. Naturalmente, como toda secta, toda enseñanza y toda religión contiene una parte de la Verdad; al nomás iniciarse una división de las conciencias, viene un "Avatar", un Maestro o un Profeta, siempre un voluntario, como antes dijimos, para "enderezar" lo desviado.

Proclus refería que muy jovencito se le había aparecido Minerva, y le había aconsejado estudiar Filosofía. Además, habiéndole dado una enfermedad que ningún médico supo diagnosticar, estando toda la familia reunida esperando su muerte, entró un joven radiante de cuya cabeza salían rayos de luz. Acercándose a la cama, le puso un dedo en la frente y pronunció su nombre, "Proclus". El niño se curó al instante y el joven se desvaneció.

Bajo semejante dirección divina, Proclus iba estudiando según la inclinación de su propia mente. Su capacidad intelectual era de las más altas. El mismo sabía que estaba destinado a ser sucesor de Platón.

Viajó a Egipto, estudió con un célebre retórico, y luego entró en la escuela de los hierofantes donde fue instruido en los misterios de la religión esotérica. En Alejandría estudió con filósofos griegos, matemáticas con Hero, un hombre de profunda espiritualidad y versado en los misterios de los números. Luego quiso estudiar doctrina aristoteliana con el Maestro Olympiadoro quien se impresionó tanto con las capacidades de Proclus, que le ofreció su hija en matrimonio para que no se alejara de Alejandría. La muchacha era una gran filósofa, por supuesto, pero Proclus, guiado por su mentora divina, continuó preparando su mente en la disciplina platónica.

Habiendo cumplido veinte años, Proclus se fue a Atenas, la ciudad guardiana de la Filosofía, y fue puesto en contacto con Syriano, el sabio más destacado del momento, experto en las doctrinas de Orfeo Pitágoras y Platón. Luego pasó a estudiar con Plutarco que, aunque estaba muy anciano y ya no aceptaba discípulos, sin embargo aceptó a Proclus como pupilo y le tomó un afecto tan entrañable que lo invitó a hacer su residencia con él hasta que le acaeció la muerte dos años después. Dejó instrucciones nombrando a Syriano su sucesor en la educación de Proclus.

Ya habiendo absorbido los misterios menores, Syriano lo inició en la Disciplina Sagrada de Platón. De esta manera alcanzó su plena estatura de sucesor de Platón, por una progresión ordenada, y por los méritos de su propia mente. A los 28 años era un reconocido dirigente entre los platonistas y había escrito un gran número de obras, incluyendo un sabio comentario sobre el Timeo de Platón.

Proclus no comía carne animal, pero aconsejaba a los demás comerla ocasionalmente para la fuerza física. Ayunaba una vez por mes y celebraba la luna llena con abstinencia, en lugar de festejos como era la costumbre. Era un abogado del sentido común en cuanto a todo lo que se debía seguir con respecto al cuerpo físico. Para los estudiantes de Filosofía recomendaba una dieta liviana, ya que los alimentos pesados, la digestión cargada, interfiere con el despejo mental que se necesita para establecer contacto místico con las divinidades.

Proclus sucedió a Syriano como Director de la Escuela Neo-Platonista de Atenas, el año 450 A.D. De allí en adelante se dedicó por entero al misticismo platónico.

Los cristianos estaban rápidamente socavando los misterios griegos, y el odio que profesaban hacia él lo obligó a buscar refugio en Asia Menor. Merinus, un discípulo de Proclus, describe ese odio como "un ataque de buitres". Estuvo en Ley, ya que esto lo obligó a estudiar los misterios de la filosofía de Oriente. Después de un año enriqueciendo su acopio filosófico, Minerva lo envió a regresar a Atenas donde permaneció el resto de su vida.

Proclus era tolerante con todas las religiones. Se unía a todos los ritos y celebraciones de los diferentes dioses. Opinaba que las diferentes creencias honraban a los mismos dioses bajo diferentes nombres. Llegó a los 75 años. Tenía un gran círculo de amigos unidos en una hermandad pitagórica. Murió en Atenas y fue sepultado cerca de su Maestro Syriano. Su vida activa la terminó a los setenta años. Su muerte fue anunciada por una serie de perturbaciones celestes incluyendo un eclipse solar.

El epitafio de su lápida fue escrito por él mismo. Quiso un entierro sencillo, sin las acostumbradas "lloronas". Murió en el año 485.

La Escuela Platónica de Misticismo cesó como movimiento separado, y la corriente de su pensamiento se mezcló con la corriente creciente de la metafísica cristiana.

Yo, Proclus, habiendo pagado la deuda a la naturaleza, en el polvo de Lycia he de quedar. El gran Syriano formó mi juventud y me dejó su sucesor en la Verdad. Una tumba en común tienen nuestros cuerpos, y en las Planicies Etéricas un común lugar nuestras dos almas.

ROBERTO EL MONJE

Nos ocurre algo extraordinario, y es que no sabemos cual de dos ROBERTUS escoger para decidir cual fue el Maestro Saint Germain. Vamos a relatar lo que se sabe de ambos, y tu decidirás cual te parece el más indicado.

El primero de los dos, Robertus de Torigny, monje, nació en el año 1110. Fue prior de Bec primero, luego abad del Mont Saint Michel.

Escribió crónicas históricas que cubrían un período desde el año del Señor 385, hasta el año en que murió, 1186. La historia refiere que sus escritos fueron de gran valor para la historia anglo-normanda, al tiempo que también lo fueron por tratar de asuntos continentales. Es pertinente que este ego pudiera recordar los sucesos de sus dos vidas anteriores, una ocurrida en los años de 303, que coincide con la Historia que fechó "385", la segunda en el próximo siglo, o sea muy cercana a la anterior; y luego, el dato de que era valiosa para la historia anglo-normanda Albano residió en el Sud-Oeste de la Isla que, siendo posesión romana, fue invadida por los normandos.

El segundo, ROBERTUS DE AUXERRE, monje, nació en 1156, murió en 1211.

El abad del monasterio de Saint Marien, donde ingresó, le exigió que escribiera una historia universal que abarcara el período entre la creación del mundo y el año 1211, año en que esto ocurría.

Robertus de Auxerre se volvió una autoridad de la historia entre los años 1181 y 1211, año en que murió. Después de su muerte otros escritores continuaron la labor, pero la historia de Robertus de Auxerre fue constantemente utilizada por todos los demás historiadores. El manuscrito original se conserva siempre en Auxerre.

El "Hilo de Ariadna" nos dice que es típico del Maestro Saint Germain comenzar algo y convertirse en autoridad de ello. Si este fue nuestro Amado Maestro, algo muy grande debe haber en ese fragmento, que hizo encarnar a un ser y vivir sólo cincuenta y cinco años, ¡justo el tiempo para efectuarlo!

Roger Bacon, el monje médico

ROGER BACON: EL MONJE MEDICO

Conocido por "DOCTOR MIRABILIS", nació en Somerset, Inglaterra, en el año 1294. Grandes cosas venía a hacer el Espíritu del Maestro. Volvía a nacer para actuar en Ordenes Religiosas (nos dice el "Hilo de Ariadna") cuando tenía la Inquisición setenta años actuando y había que poner un contrapeso. Nació en Inglaterra, donde no entró la Inquisición, con toda la intención de defender a capa y espada el desarrollo esotérico que él —en la persona de Proclus— había restablecido en la tradición religiosa. La Inquisición quería a toda costa aniquilar y desaparecer, desacreditando y quemando vivo a todo el que manifestara poseer, ni más ni menos que ¡los dones del Espíritu Santo! Tildando de "brujerías" todo lo que no fuere dogma y fanatismo.

Naturalmente era un muchacho notable por su gran precocidad. Escogió su cuna en el hogar de un rico granjero que le pudiera permitir dedicarse a todo lo que se le antojara estudiar, y nació con una gran avidez por los estudios. El granjero que creyó lograr un hijo varón que llevara el arado, se encontró que le era imposible obligar a su hijo a ninguna otra cosa que no fuera los libros. Lo llevó donde el cura del pueblo quien lo aceptó gustoso; pero pronto se formó tal conflicto entre el padre, el hijo y el cura, que Roger se fugó de su casa y fue a refugiarse en un monasterio franciscano donde pudo entregarse a sus estudios. Con el tiempo los frailes franciscanos lo enviaron a Oxford a completar su educación, y más tarde a París.

Entre tantas otras cosas, estaba en Ley que Roger se interesara en las Ciencias Ocultas, y pronto adquirió grandes conocimientos en magia blanca, como se les dice hoy.

Para esto había encarnado el Espíritu de Saint Germain, y Roger Bacon se dio a conocer por siempre como el Frater del Ocultismo. En compañía de Alberto el Magno, Obispo de Ratisbonne, alquimista, cientista y mago, y el tutor de éste, Tomás de Aquino, sabio, logista, severo metafísico y mago, practicaban no solamente la alquimia sino lo que entonces se llamaba "ciencias experimentales", pero que no eran otra cosa que lo que hoy se les dice "brujerías", lo cual, a su vez consiste en la colaboración de Elementales del Plano Psíquico, en lo cual eran expertos Moisés y los hierofantes egipcios.

Además de esto, Roger Bacon se destacaba en química, matemáticas, astronomía, metafísica, biología con especialización en la multiplicación de las especies, en ingeniería, construcción y ciencias mecánicas por las cuales anunció la posibilidad futura de barcos sin remos, de coches sin caballos, de máquinas para volar que luego fueron un hecho. En medicina mereció el título de DOCTOR MIRABILIS por su obra "De Mirabilis Potestate Artis et Natura".

Descubrió los lentes convexos para telescopios y para corregir la presbicia. Su nombre será siempre asociado con la pólvora que ayudó a descubrir. Sus experimentos en la química lo llevaron, por supuesto, a investigar la "Piedra Filosofal" y de allí a la Purificación del Oro y al Elixir de Vida sólo había un paso. Por efectos de la purificación del cuerpo, con la ayuda de ciertas yerbas apropiadas y un conocimiento de los astros, compuso el líquido que luego, (cuando actuó en la corte de los Luises) mencionó como razón de su longevidad.

Roger Bacon era un luchador por la libertad de pensamientos, y en una era de tanta ignorancia, todas estas cosas eran vistas con profunda sospecha, hasta el punto de terminar con la persecución por los Hermanos de su propia Orden, quienes al fin lo echaron a la calle por rebelde y revolucionario. Pero para esto precisamente había encarnado ese Ego y se fue a refugiar en París, donde había hecho sus estudios. Sin embargo, allí se encontró bajo un régimen de represión y apeló al Papa Clemente IV quien expresó el deseo de poseer copia de su obra. El fogoso franciscano logró insultar a todo el mundo inclusive a Alberto el Magno y a Tomás de Aquino a quienes catalogó de ignorantes e iletrados en Filosofía y Metafísica, como también a sus confráteres los franciscanos y los dominicos. ¡No en vano es nuestro Patrón y Avatar de la Nueva Era!

Después de tanta conexión con órdenes y países de lengua làtina, ya no escribía en otro idioma que en latín, y, a pesar de grandes problemas económicos logró terminar sus obras: "Opus Majus", "Opus Minus" y "Opus Tertium". Estos encontraron favor con Clemente IV y le fue permitido regresar a Oxford para continuar sus estudios científicos. Allí escribió un compendio de Filosofía en el cual manifestaba el error entre las relaciones de la Filosofía y la Teología. Esto desagradó tanto a las autoridades eclesiásticas que lo encarcelaron y le quemaron todos sus libros.

Con relación a su tiempo, el nivel intelectual de Roger Bacon era de suma altura. El fue el primero en propugnar que la observación y la experimentación eran indispensables para alcanzar conocimientos científicos en las Ciencias Naturales, o lo que es lo mismo, que no se pueden estudiar los fenómenos psíquicos (léase magia y brujería, espiritismo, etc.) sin experimentarlos.

En una ocasión estaba el Rey visitando a un noble señor de Oxfordshire, y conociendo la fama del monje Bacon, el Rey expresó el deseo de conocerlo. El señor del castillo envió un mensajero a buscarlo a Oxford. Roger asintió y le dijo al mensajero: "Salga usted adelante y anúncieme, aunque mejor le predigo que yo llegaré antes que usted donde el Rey". El mensajero se rió y le hizo la apuesta que él llegaría pronto, ya que no eran sino apenas unas cinco millas. Sin embargo salió de inmediato y el monje poco después.

Roger llegó donde el Rey quien le dio la bienvenida y le pidió que le diera a él y a su Corte una manifestación de sus habilidades. Roger aceptó cortésmente y le contestó al Rey:

—Le daré gusto a varios de vuestros sentidos, Majestad. Diciendo lo cual sacó una varita llamada "de virtud", hizo unos movimientos en el aire. De pronto se oyó una bella música que venía del éter. Haciendo otros gestos, hizo aparecer un grupo de bailarines quienes formaron un precioso ballet al son de la música. Volvió a gesticular Bacon y se esparció un delicioso perfume por todo el ambiente.

Desapareció el cuerpo de baile y apareció una mesa colmada de los más deliciosos manjares. Comieron todos los personajes presentes y Bacon se dirigió al Rey para saber si aún deseaba ver algo más de su magia. El Rey se mostró satisfecho y le instó a que pidiera algún favor a su vez. Roger le contestó que no deseaba otra cosa que encontrar el favor de su Rey. Este le aseguró el amor de su Corte y el de El mismo y le hizo el don de una preciosa joya.

Al darle las gracias, Bacon le comentó: "Al que no veo aquí es el mensajero por el que Su Majestad envió a buscarme". Todos los cortesanos voltearon a buscarlo por todas partes con la mirada, y de pronto uno de ellos exclamó que allá lo veía venir. Se presentó en efecto el mensajero, pero tan destartalado y tan molesto que al ver a Bacon le lanzó una imprecación de ira. Para apaciguarlo Roger le dijo: "Tengo una manifestación especial para usted, amigo, mire!" y diciendo levantó uno de los cortinajes del salón, descubriendo una de las ayudantes de cocina, cucharón en mano y asustadísima por haber sido descubierta.

—Pero, agregó Bacon, como no estoy a punto de saber cómo anda usted de dinero, voy a hacerle el favor de costearle el viaje hasta su casa de usted, a esta amorosa chiquilla, y se desapareció la muchacha.

Esto es una muestra de los espectáculos que gustaban en aquella época, y que practicaban los trovadores y actores de la Edad Media. Se lograban con la colaboración de los Elementales del Plano Astral, o psíquico, pero acarreaban un gran peligro, y es que una vez que se le abre la puerta a los Elementales, es muy difícil desalojarlos y que regresen a su Plano. Por esta razón perduraron tanto tiempo los encantamientos de castillos, los aparecidos en lugares muy antiguos; donde quiera que se hablaba de una casa encantada, o de cuentos de aparecidos, de fantasmas, o de personas que "vendían su alma al diablo" u otros favores, ocurría porque habían habido espectáculos y ocurrencias en esos lugares. Aquellos Elementales a quienes se les abría la puerta astral, no querían volverse a ir del plano físico. El "diablo" no era sino un Elemental que se presentaba en forma y con aspecto terrorífico y que ofrecía todas las maravillas para engatusar a los incautos con el fin de que se le abrieran de par en par las puertas del plano físico.

Tal es el relato de un caso típico en que actuó Fray Roger Bacon. Un hombre estaba acribillado de deudas y un Elemental trajeado de diablo le ofreció grandes sumas de dinero para salvarlo, siempre que le prometiera entregarle su alma después de haber pagado todas sus deudas. Como era de imaginar, el hombre pagaba y pagaba pero no tenía ninguna prisa de terminar de liquidar todas sus deudas. Llegó al fin el momento en que no podía hacer esperar más tiempo a sus acreedores, y su desesperación era tal que iba a quitarse la vida, cuando Fray Bacon le detuvo la mano y le preguntó el motivo de aquello.

El hombre le refirió los hechos y el monje le contestó:

—Vaya al lugar de la cita con el diablo, pero niegue todo lo que él le reclame. Si continúa reclamándole, insista en nombrar un juez, y sobre todo insista en que sea el primer hombre que pase por allí.

El hombre procedió tal como se le había dicho, y cuando el diablo insistió diciéndole: "Tu alma me pertenece ahora y yo insisto en que me la entregues", el hombre repuso: —Yo insisto en que interfiera un juez. Vamos a detener el primer hombre que pase por aquí.

—Muy bien, repuso el diablo, y esperaron unos minutos. Pasó Fray Bacon, como lo esperaba el hombre, y deteniéndolo le explicó la situación. El Diablo también le dirigió la palabra a Fray Bacon diciéndole: —La condición era que una vez terminado de pagar a sus acreedores, me pagara a mí, entregándome su alma. El tiempo ha expirado. Ya ha pagado todo.

El monje contestó: "Está claro como el día, siempre que sea verdad que ya pagó todas sus deudas".

—Pregúnteselo a él mismo —dijo el diablo—. El hombre convino en que eso era la verdad. Entonces Fray Bacon continuó: "Dígame, buen hombre, usted no le ha entregado nada aún al diablo?"

—Nada, señor.

—Entonces —contestó el monje— no le de usted ni un centavo y quedará libre. El convenio fue, dijo dirigiéndose al diablo, que usted respetaría a este hombre mientras debiera algún dinero. Pues entonces, ¿cómo va usted a molestarlo si le debe a usted todo lo que le entregó? Yo le ordeno a usted que desaparezca, ¡por la Santa Cruz!

El diablo desapareció en un relámpago y el fraile volviéndose al hombre le recomendó que jamás le pagara un centavo al diablo.

Poco a poco se fueron arrepintiendo las gentes por haber inmiscuido a los Elementales en asuntos del Plano Físico y se fue regando la especie de que "traía mala suerte" aquello de invocar a los espíritus en el llamado "espiritismo".

Almas valientes y estudiosas como la de nuestro Amado Maestro se encargaron de enseñar la Verdad a través de los tiempos.

El monje Roger Bacon estuvo encarcelado durante catorce años. Fue al fin puesto en libertad, pero murió a los dos años, en el 1294.

CHRISTIAN ROSENKREUTZ

Nació en el año 1378, murió en el año 1484 Alemán, noble, huérfano, fue educado en un Monasterio donde aprendió el latín y el griego.

La religión de Cristo estaba siendo muy mal entendida y pésimamente enseñada. Evidentemente el Adepto venía a enderezar esa carga.. A los 17 años se fue del monasterio en compañía de un frater y viajaron a Damasco, a Jerusalen, a Arabia, a Egipto, a Marruecos y a España.

A la gran pena de Christian, su frater murió en Chipre. Sin embargo resolvió continuar viaje solo. Llegando a Damasco se enteró de un círculo secreto de teósofos que habitaban la ciudad de Damcar. Se encaminó hacia ésta dirigido por ciertos árabes. Llegó el día en que cumplía 16 años. Fue recibido graciosamente y le fue anunciado que hacía tiempo que se le estaba esperando. Para comprobarlo, los hermanos le refirieron varias escenas de su vida. Eran expertos en las artes mágicas y el joven decidió permanecer con ellos.

Procedieron de inmediato a iniciarlo en ciencias ocultas. Aprendió el idioma árabe y tradujo el libro "M" al latín. Después de tres años de instrucción mística y de acuerdo con las instrucciones de los hermanos, dejó la ciudad misteriosa y se trasladó primero a Egipto y luego a Fez. Allí se conectó con otros Maestros que le enseñaron la mejor forma de invocar a los espíritus elementales. Terminado su período iniciático en Fez, a los dos años se trasladó a España donde intentó convencer a los doctos del error en que se hallaban, pero los eruditos se rieron de él y le participaron que ellos habían aprendido las "artes negras" con un Maestro muy superior a él, o sea con el propio Satanás en la Universidad de Salamanca.

Lleno de noble indignación se sacudió el polvo de España y fue a otros países donde, lamentablemente, encontró el mismo trato. Al fin se refugió en su país de origen y permaneció allí recluido en la soledad, escribiendo.

Después de cinco años de una vida de ermitaño resolvió que el que ha logrado alcanzar la trasmutación de los metales y la manufactura del elixir de vida, ciertamente estaba destinado a un más noble propósito que el de rumiar en la soledad. Por lo menos esas eran las opiniones de los que lo rodeaban. No sabemos las disposiciones de la Jerarquía Cósmica que lo dirigía.

Poco a poco reunió en su contorno los miembros que iban a formar la Orden Rosacruz. Cuando el número llegó a cuatro hermanos, inventaron un lenguaje mágico y un diccionario colmado de la Sabiduría Oculta y titulado TODO LO QUE EL HOMBRE PUEDA DESEAR, PEDIR Y ESPERAR. Tradujo al latín la sabiduría de Salomón, de Moisés y de Enoch y fundó la primera de las Sociedades de la Rosa Cruz, que fue llamada LA CASA DE SANCTUS SPIRITUS.

Cuando ya eran ocho hermanos decidió separarlos para que recorrieran mundo fundando Capítulos de la Orden en ocho diferentes países. Convinieron en que la Orden debería permanecer secreta durante cien años.

A su tiempo C.R.C. murió y fue sepultado en una de las casas secretas de la Orden. Los miembros originales desaparecieron y no fue hasta la tercera generación de sucesores que, durante unas reparaciones, apareció la tumba en una cripta oculta. Estaba inscrita con carácteres mágicos, y según la historia de la Orden, "Iluminada con el Sol de los Magos". El cuerpo se encontraba en perfecto estado de conservación, como ocurre con todo iluminado cuyas células limpias se llenan de luz, y por lo tanto no pueden corromperse. En el sarcófago habían documentos de gran valor para la Orden, y que esclarecían las confusiones que estaban molestando a los diferentes capítulos, los cuales alegaban que el tal Christian Rosenkreutz era seguramente un impostor o un símbolo, ya que cada Capítulo se considerab₹ la Casa Original. Uno de los documentos disponía la divulgación de los propósitos de la Orden por medio de una circular invitando a la iniciación a toda persona preparada y sincera.

En el año 1614 los filósofos y alquimistas del pueblo de Cassel en Alemania, fueron sorprendidos por la publicación de un panfleto circular que llevaba el título de FAMA FRATERNITATES, u opinión fraternal de la Meritoria Orden de la Rosa Cruz, dirigida a los eruditos en general y a los cabezas de Gobierno de Europa.

Era un mensaje de algunos Adeptos anónimos profundamente perturbados por la condición de la humanidad, y que ansiaban su regeneración y su perfeccionamiento. Proponía que todos los hombres sinceros se unieran para establecer una síntesis científica para encontrar el sistema perfecto para el desarrollo de las "artes" (ocultas). Abogaba por la terminación de todas las discordias y conflictos entre los intelectuales de la época, y también la disolución de las autoridades con sus teorías anticuadas. Hacía hincapié sobre el hecho de que, así como la religión había sido reformada y aseada, igual destino le correspondía ahora a la ciencia. Proponía que todo esto fuera dirigido por una Hermandad de Iluminados, Hijos de la Luz, quienes habían sido iniciados en los misterios del Oriente por un alto miembro de la Jerarquía de Adeptos, y estaban capacitados para llevar la Era a su Perfección. Esta circular tuvo siete ediciones en tres años.

Christian Rosenkreutz trabajó con los alquimistas Jacob Boehm, Geothe y Wagner, todos movidos por el mismo espíritu que repudia la religión ortodoxa, que huyen de los dogmas y la esclavitud, y viene a implantar la libertad de los Hijos de Dios en alguna forma nueva.

Los hermanos de la Orden Rosa Cruz admitían que el espíritu del fundador estuvo en continuas existencias físicas, tomando un cuerpo nuevo cada vez que sus vehículos habían perdido su utilidad, o para cambiar el campo de sus actividades, lo cual concuerda con la comunicación del Maestro Saint Germain respecto a su ocupación de más de cuarenta "Cuerpos Prestados"

Sir Francis Bacon

FRANCIS BACON (1561)

La historia lo declara hijo de Sir Nicolás Bacon y Lady Anne Cooke; pero las murmuraciones de la corte anunciaron que había nacido hijo de Isabel I de Inglaterra y del favorito de los favoritos, Sir Robert Dudley, Conde de Leicester.

Francis Bacon nació en el año de 1561; y hay que recordar primeramente, que el año anterior, o sea en 1560, la reina y Dudley hicieron varios intentos de unirse en matrimonio secretamente. Todos los intentos fracasaban porque la reina dejaba de acudir a las citas clandestinas. En la última de éstas, habiendo ella prometido solemnemente que acudiría, Dudley se cansó de esperar, y ya cayendo la noche, despidió al juez y se disponía a retirarse cuando llegó la reina. Se había apresurado únicamente para decirle a Dudley que la disculpara, pero que inconvenientes insuperables de la Corte le habían impedido cumplir su palabra y lo habían estropeado todo.

La reina entró al coche, blindado de cortinajes, y juntos desaparecieron en la noche. Al día siguiente, como si tal cosa, la reina recibía en su despacho los asuntos de su reino, pero a los pocos meses "surgió" la estratégica moda del talle puntiagudo y rígido como una tabla que bajaba del pecho, entre voluminosos "polissons" de cada lado y sobre las caderas, todo atrevidamente diseñado como para disimular un embarazoso embarazo.

La reina había, al fin y al cabo, desistido de toda idea de matrimonio. Isabel avaloraba demasiado su derecho de reinar a su antojo y sin interferencia, y continuó apodándose "la Reina Virgen". Para poder continuar esta farsa (en la hipótesis de que el niño Francis fuera de ella), había que entregarlo en adopción a algún cortesano. Más adelante veremos como todo iba comprobando la verdad; la Verdad que siempre está a la vista del que "tenga ojos para ver".

Francis Bacon nació, pues, en el año 1561, como quien dice, por esos mismo días. Resultó ser lo que tenía que ser, un muchacho excepcionalmente inteligente. Entró a la Universidad de Trinity a los doce años de edad y a Cambridge tres años después. No había cumplido los 16 años cuando ya le había tomado aversión a la filosofía de Aristóteles. La encontraba estéril y desprovista de todo lo que pudiera beneficiar prácticamente la vida del hombre.

Al terminar en las universidades, los señores Bacon lo enviaron a París, bajo la tutela del embajador inglés, para estudiar política y diplomacia. Allí se interesó en la ciencia experimental, emitiendo un concepto radicalmente nuevo sobre el objetivo del saber humano, y expresando que en la antigüedad el único fin era el de descubrir nuevos argumentos verbales, en cuanto que la ciencia moderna buscaba vencer y dominar la naturaleza arrancándole sus secretos, no por medio de eternas palabrerías, sino por la experimentación; la unión de la teoría y la práctica; el conocimiento y la técnica. Como verás, era el mismo objetivo que lo impulsaba a través de todas sus vidas. Comenzaba ya a escribir su magna obra, "Instauratio Magno de Dignitatis Scientiarum" destinado a devolverle al hombre su autoridad sobre la materia. El "Hilo de Ariadna" nos sigue señalando el temperamento del Adepto en su costumbre de producir todos sus escritos en latín, y en su empeño de llevar a la humanidad a dominar y a libertarse de toda atadura y represión

La muerte de Sir Nicolás Bacon lo obligó a regresar a Londres donde encontró que el testamento de su padre le adjudicaba la parte flaca del "hijo segundón", y lo forzaba a ganarse la vida. Se entregó al estudio jurídico.

Francis Bacon pasó veinticinco años de su vida a la sombra de Lord Burghley, tío de él por parte de su madre, el cual lo obstaculizaba y lo humillaba sistemática y constantemente y en forma tan marcada que daba a pensar que le había sido entregada la tutela del joven para que lo mantuviera, no solamente vigilado, sino dominado y reprimido. Todos los intentos de Francis para lograr su situación apropiada en la Corte fueron infructuosos. Se diría que la Reina Isabel no tenía otro empeño que el de mantener alejado y olvidado aquel vástago de un pasado desafortunado. Al fin, tal vez forzado por las habladurías cortesanas y las suposiciones desfavorables para la Reina y su agente Burghley, éste le obtuvo un asiento en el Parlamento; pero toda idea de que pudieran aprovecharlo como instrumento dócil fue disipada. Lo primero que hizo el joven fue colocarse en la oposición contra una petición real que surgió. Esto, por supuesto produjo la desaprobación de la reina y del tío Burghley y no hubo más favores.

Sin embargo resultaba casi imposible reprimirlo, ya que los múltiples talentos de Francis, sus trabajos científicos y literarios, aún en los momentos de mayor lucha contraria, engrandecían su reputación. En 1605 publicó su "Avance del Conocimiento Divino y Humano" que constituía la primera parte de su "Instauratio Magno", el cual iba a dar al mundo un nuevo sistema de aprendizaje y pedagogía.

Con Francis Bacon comenzó otra vez la Edad Moderna de la Filosofía. Al Organon de Aristóteles, él opuso su Novum Organum. Así como Proclus había restaurado el neo-platonismo, Francis Bacon hizo renacer por cuarta vez en la historia del intelecto humano el platonismo y el neo-platonismo, libertando los intelectos de su tiempo de las discordancias de las teologías aristotelianas. Lord Bacon era Rosacruz. Llegó a ser imperator de la Orden.

La *vox populi* continuaba murmurando acerca de Francis Bacon y se aseguraba que las comedias habilísimas que lanzaba un tal William Shakespeare, no eran sino de Francis Bacon.

El que firmaba las obras, o sea el William Shakespeare que en ellas aparece, era hijo de un granjero de Stratford-on Avon. No era exactamente un campesino ya que había desempeñado algunos cargos municipales en dicho pueblo, pero tampoco era persona que pudiera dispensarle a su hijo la suficiente cultura para que éste se expresase en los términos poéticos y eruditos del teatro shakespereano. Tampoco podría el hijo del granjero conocer la vida cortesana y nobiliaria, ni mover en ella sus personajes con la familiaridad y soltura que evidencian las mencionadas obras.

El William Shakespeare que firmaba las obras se ganaba la vida trabajando de portero en un teatro. Algunas veces, y debido a una emergencia, desempeñaba algún papel insignificante. No es difícil deducir que Francis Bacon aprovechara la amistad para llevar sus obras al teatro, a través de este canal. Son treinta y pico de piezas que traen a la atención una situación humana o social, por las cuales siempre trabajó el Adepto, y por él, Francis Bacon. Treinta y pico de obras que manifiestan una continua corriente de la "Ley de la Vida" que hoy conocemos tan bien. Además, ha sido revelado por los Hermanos Mayores en Metafísica que las obras teatrales de Shakespeare contienen no menos de 500 acrósticos del nombre "Francis Bacon" y también un código cifrado aparece en una de las obras, el cual divulga la Instrucción Interior de una Escuela Iniciática de la cual Francis Bacon era miembro. Sea dicho de paso que este señor es autor de un Código Cifrado que es aún hoy en día la autoridad mundial.

A la muerte de la reina Isabel de Inglaterra ascendió al trono el rey James I, lo cual desalojó automáticamente la resistencia contra Francis Bacon, y éste fue nombrado procurador. De allí, a fiscal de la corona, a Lord Guardián del Sello Real, y de allí a Canciller, todo en menos de once años, además de que simultáneamente le fue otorgado el título de Lord Verulam, y tres años más tarde el de Vizconde Saint Albans. (¡Oh Ariadna!)

Los envidiosos andaban muy industriosos. Lo atacaron, lo calumniaron y lograron encarcelarlo en la Torre de Londres. Bacon era defensor de la política del rey, y los amigos que habían servido a Isabel hubieran preferido verlo en el mismo plano humilde en que ella lo había mantenido. El rey lo libertó y lo exculpó, pero Bacón se retiró a la vida privada donde continuó escribiendo su "Instauratio Magno" y las comedias de condiciones sociales que había que corregir.

El "hilo de Ariadna" nos lleva hasta la Iglesia de San Miguel de Verulam, en la catedral de Saint Albans, donde se dice que fue enterrado el cadáver de Francis Bacon, pero que la murmuración asegura que no existe, ¡ni jamás existió un cuerpo en esa tumba!

En un Plano de Conocimiento mucho más profundo, vamos a comentar la encarnación del Adepto en el cuerpo de Francis Bacon.

Primeramente, todo niño trae en sus electrones, estampado un número, o la frecuencia vibratoria, o sea SU ecuación. Esta rata vibratoria se repite en los sonidos que componen su nombre y apellido. Para nada cuenta la "coincidencia" en el nombre que la madre desee ponerle al niño. Es su vibración la que se graba en la mente de la madre y la obliga a escoger el nombre que le corresponde a ese niño, en esa encarnación. Si por alguna circunstancia el nombre es cambiado por el padre, o los familiares, el niño sufre y sufrirá toda su vida, de múltiples tropiezos, de frustraciones y desarmonías entre su sendero y su carácter o temperamento. A veces constituye esto un grave atraso para el individuo. Con frecuencia la persona se cambia de nombre y logra restituir su encarnación al carril que le corresponde para cumplir su destino.

X Las fuerzas electrónicas no saben nada de eso que en la tierra llaman "condiciones morales". o "moralidad". Sólo la Ley de Atracción gravita o actúa para llevar las cosas a su punto de armonía. Si al Ego Inferior de Francis le correspondía nacer en la mujer más destacada, en el Imperio más poderoso de la Tierra, se le originó un cataclismo al imponerle un descenso vibratorio con el nombre Bacon, el cual había llevado tres reencarnaciones anteriores. No se puede repetir un paso ya superado sin traer al presente condiciones indeseables, de las cuales el Ego se ha graduado ya. Espiritualmente, intelectualmente, Francis cumplió lo que venía a hacer. Físicamente sufrió un constante trastorno hasta el punto de tener que regresar a Verulamium y al nombre de Saint Albans que le había correspondido tantos siglos antes.

Ha podido ser rey de Inglaterra, el primer Rey Metafísico y haber cambiado el giro de toda la Tierra de allí en adelante, lo cual es posible que fuera la intención del Adepto, quien tuvo luego que volver casi sin treguas. Estos trastornos ocurren más a menudo de lo que creemos posible. Muchas veces la máxima aquella "El hombre propone y Dios dispone" se convirtió en "Dios propone y el hombre dispone", haciendo de las suyas, "metiendo la pata" en su espantosa ceguedad; y con infinita paciencia, los Maestros y los Avatares enderezan y ajustan las cargas torcidas más allá de la Ley, si fuera posible.

¿QUIEN ES EL MAESTRO
SAINT GERMAIN?

Como ya hemos dicho, el Maestro ha tenido
otro ascenso últimamente. Después de haberle entregado a la Tierra el inmenso recurso de la Llama
Violeta Transmutadora, don supremo que liberta del
karma, del "purgatorio", de los castigos que los hombres se proporcionan ellos mismos, de toda energía
mal calificada y de toda "creación humana", por
Ley del Círculo, el Maestro recibe Su Merecimiento,
el cual ha sido en este caso el Título de EL DIOS
LIBERTAD.

El que fue Maestro Saint Germain dijo en una
comunicación anterior, "Mi nombre se desintegró con
mi pasado..." y hoy ha dicho: "YO SOY el Sol
de la Libertad y es mi gran privilegio expander la
causa de la Libertad en el Plano Tierra".

El Dios Libertad no fue un terrícola. Es origina-
rio del planeta Urano. Los uranianos son andróginos.
No se dividen en Llamas Gemelas ni en Complemen-
tos para evolucionar separadamente. La relación de

la Diosa Portia con respecto al Dios Libertad, es la de una Poderosa Asistencia en las Grandes Ceremonias Cósmicas.

El iluminado escritor esotérico David Anrias, en su libro "Adeptos de los Cinco Elementos", da la explicación de eso que suele llamarse "el caos moral de estos tiempos", o sea la situación que prevalece en la juventud, consumo de drogas y homosexualidad. Brevemente, la influencia uraniana lleva a cada humano a buscar intensamente su polo opuesto en su propio Ser Interior. Momentáneamente, o sea mientras se limpie la humanidad de la acumulación de energía destructiva que la cierne, impidiéndole ver la Verdad; mientras ella busque su Todo exteriormente, ella interpretará esa influencia uraniana que ella siente pero que no comprende, en términos de que el polo opuesto radica en otro ser, con preferencia en un ser de su mismo sexo, en lugar de encontrarlo *dentro* de sí. Andando la Era, y como ya se ha dicho, al ir quedando limpio de la efluvia negativa, la humanidad irá viendo claro la Verdad del Ser.

En cuanto al problema de las drogas, como el Planeta Urano es de un gran adelanto, la Tierra siente su atmósfera luminosa ya que vamos girando rápidamente hacia su órbita. Sus vibraciones estimulan la imaginación, y sobre todo el deseo de trasladarse a un "más allá" de ensueño y maravillas. Las drogas producen la ilusión de ese "viaje". La juventud siempre precipitada, irreflexiva, cree que ese es el camino corto hacia la verdad y se lanza atolondradamente, sin darse cuenta de que la droga forma una necesidad imperiosa en el sistema, cada vez más imperiosa, que lleva a la ruina y las tinieblas, anulando la fuerza de la voluntad.

Para proceder a la Iniciación de la Tierra en su nuevo Plano en la órbita de Urano y la vecindad de Venus, había que consumir y disolver la efluvia de energía mal usada y que cubre la Tierra como un palio. Los Dirigentes Planetarios dieron la orden de permitir el uso de la Llama Violeta Libertadora, en la persona del Director del Rayo Séptimo, el Ascendido Maestro Saint Germain.

La salvación de la juventud y de una gran mayoría de seres humanos mayores, depende de que sea consumida y disuelta la efluvia que hemos mencionado, pues el olvido de lo que somos en realidad, primeramente, y luego la continuada ignorancia de nuestra verdad espiritual se debe a ese velo que nos impide la videncia de las Glorias que son nuestras por derecho. Deberíamos estar viviendo en la eterna juventud y belleza, la eterna felicidad, sin problemas ni males de ninguna clase, siempre progresando en el Reino del Padre, y estamos estacionados porque no vemos otra cosa que lo que nos rodea en el Plano Físico.

Es en vano que los Dirigentes Planetarios, los Maestros Ascendidos, las Huestes Cósmicas y Angélicas estén preparados para derramar todos los fluidos, toda la Luz que nos sea necesaria para ascender nuestro planeta, si nosotros no abrimos la puerta para que entren. El permiso tiene que venir de nuestra Octava. Si no viene, ni Dios mismo puede intervenir porque no puede romper Su propia Ley del Libre Albedrío.

Este librito ha sido hecho con el fin de revelar todo lo que se ha esforzado el Maestro Saint Germain para irnos llevando hacia el punto culminante de la Ascensión, la Iniciación del Planeta, ya que aquellos que no se encuentren en estado de limpieza suficiente para convivir con sus hermanos en la órbita de Urano y la proximidad de Venus, serán retrogradados a un planeta infrahumano.

Hagamos lo que está a nuestro alcance para ayudar a limpiar la efluvia, hermanos. Hagamos lo siguiente tres veces diarias por espacio de cinco minutos: "EN EL NOMBRE DE LA AMADA PRESENCIA "YO SOY", INVOCO LA LLAMA VIOLETA LIBERTADORA A QUE ENVUELVA Y ENCIENDA A TODO ELECTRON QUE COMPONE EL PLANETA TIERRA Y TODOS SUS HABITANTES

ENCARNADOS Y DESENCARNADOS, HASTA QUE TODO Y TODOS SEAN PUROS Y RADIANTES. GRACIAS PADRE QUE ME HAS OIDO",

Visualicen la Llama Violeta envolviendo primero nuestro propio cuerpo, luego nuestra casa, nuestro barrio, nuestra ciudad, nuestro país, nuestro Continente y nuestro planeta entero. Ayudemos a salvar a nuestra juventud y a nuestros hermanos. ¡Que la Luz te Envuelva!

A los estudiantes adelantados de Metafísica se les recomienda la lectura de

EL LIBRO DE ORO DE SAINT GERMAIN que contiene trascendentales revelaciones del Maestro.

BIBLIOGRAFIA

Gentleman's Magazine, London 1745.

Music Chronicle, London 1746.

Cartas de Horace Walpole - *Archivos de Holanda,* 1760.

Weekly Journal, London 1760.

Chateau de Chambord - *Archihvo Nacional de Blois,* 1760.

Affaires Etrangers, París 1760.

Memoires Anecdotiques de Louis XV - *London Chronicle,* Juin 3, 1760.

Memoires de la Comtesse de Gergy, 1765.

Graff Saint Germain - *Oettinger,* 1840.

Remarkable Adventures and Unrevealed Mysteries - *L. Wrexall.* London. *R. Bentley,* 1863.

Obras Completas de Voltaire - *Firmin Didot,* París, 1877.

Memories de Mme. de Hausset - *Firmin Didot,* París, 1877.

Historical Mysteries - *Andrew Lang,* 1904.

Secret Societies - *Una Birch, London,* 1911.

Memoires de Mme. de Genlis, Camarera de Pompadour, París, 1928.

La Marquise de Pompadour, París, 1938.

Le Comte de Saint Germain, París, 1938.

Memoires Authentiques de Cagliostro.

Correspondance de Grimm et Voltaire.

Foreign Affaires, Carlos de Villermont and le Comte de Cobenzle, London.

A Stranger Passed Catherene Christian, 1960.

Roger Bacon, Marvellous Doctor - *Liam Brophy,* 1963.

El Enigmático Conde de Saint Germain - *Pierre Ceria y Francois
Ethuin*, 1972.

Phhilosophical Research Society, 3341 Griffith Park Boulevard,
Los Angeles, 27, Califorina, U.S.A.

Disco de "L'Incostanza Delusa" música del Conde Saint Germain, misma dirección.

Castillo Racokzy, dirección: Patoka y Makovica, Montes Carpatos, Transilvania, Rumanía.

INDICE

Este libro se terminó de imprimir el día
30 de Enero de 1999 en los talleres de
Editorial Melvin. Caracas. Venezuela